STEFANIE ZYSK

Igelhaus und Meisen-knödel

SO KANNST DU UNSEREN TIEREN HELFEN

2 INHALTSVERZEICHNIS

Hallo,
ich bin der Igel!

Bestimmt hast du mich auf meinem Weg durch den Garten oder im Park schon einmal gesehen. Aber nicht nur ich wohne ganz in deiner Nähe, es gibt noch zahlreiche andere Tiere: Vögel, Fledermäuse, Schmetterlinge, Siebenschläfer und viele, viele mehr. Dieses Buch zeigt dir spannende Dinge über uns alle und wie wir das Jahr verbringen. Wenn du Schlafplätze, Futterstellen, Badebereiche und Brutmöglichkeiten für uns baust, können wir noch viel gemütlicher in deinen Garten einziehen. So kannst du uns auch besser beobachten! Viel Spaß dabei!

- Schmetterlingsgarten pflanzen
- Hummelköniginnen helfen
- Nisthilfe für Hummeln bauen
- Kröten retten
- Sonnenplatz für Eidechsen einrichten
- Paradies für Bienen anlegen
- Insektenhotel basteln

Endlich ist der Frühling da!

Frösche können an Land und im Wasser leben.

Jeden Tag wird es nun etwas wärmer und die Sonne steht höher am Himmel. Nach der stillen Winterzeit ist die Luft voller Frühlingsgeräusche. Die Vögel stimmen schon frühmorgens ihre Lieder an und sind auf der Suche nach geeigneten Nistplätzen. An den ersten Frühlingsblühern summen Bienen und Hummeln auf der Suche nach Nektar. Kröten und Frösche sind aus ihrer Winterstarre erwacht und machen sich auf den Weg zu ihren Laichgewässern. Dort wird jetzt mit lautem Gequake eine Partnerin gesucht.

Der Fuchs schleicht sich erst an die Beute an und fängt sie dann mit dem sogenannten „Mäusesprung".

Futtersuche nach den kargen Wintertagen

Sobald die Sonne die Erde aufwärmt, sprießen Schneeglöckchen, Krokusse und Winterlinge. Die Pollen und der Nektar dieser Frühblüher sind eine wichtige Nahrungsquelle für Bienen und Hummeln. Vögel erbeuten die ersten Insekten, die durch die Luft summen. Und auch die Waldtiere finden wieder leichter Nahrung. Das zarte Grün der Knospen ist für Rehe ein wahrer Leckerbissen. Mäuse können sich nicht mehr unter der geschlossenen Schneedecke verstecken. So haben Fuchs und Mäusebussard jetzt besseres Jagdglück.

Und plötzlich sind alle wieder da!

Im März kehren die ersten Zugvögel aus den südlichen Ländern zurück. Unter den ersten Rückkehrern sind Singdrossel und Kranich, später im April und Mai treffen Schwalben, Störche und Kuckuck wieder bei uns ein. Insekten wie Fliegen, Marienkäfer und Schmetterlinge erwachen aus ihrer Kältestarre. Und auch die Winterschläfer, wie der Igel, machen sich ausgehungert auf Nahrungssuche.

Aus dem Engerling hat sich der Maikäfer entwickelt.

Der Storch hatte Jagdglück und hat einen Frosch erbeutet.

Wo ist der richtige Partner?

Im Frühling ist die Paarungszeit vieler Tiere. Jetzt beginnt die Suche nach dem passenden Partner. Die Vogelmännchen locken durch ihre Lieder Weibchen an. Gleichzeitig grenzen sie mit dem Gesang ihr Revier ab und halten so andere Männchen fern. Das Kröten-männchen entdeckt seine Frau oft schon auf dem Weg zu den Laichplätzen. Es umklammert die Auserkorene ganz fest und lässt sich von ihr huckepack zum Wasser tragen.

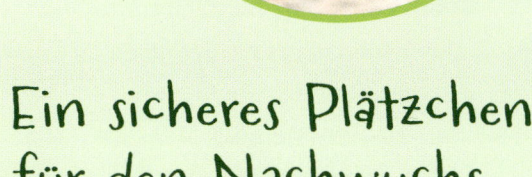

Amselmännchen sitzen gerne hoch oben, um ihre Melodien zu singen.

Ein sicheres Plätzchen für den Nachwuchs

Ist das Einflugloch zu groß, mauert der Kleiber es mit Lehm und Speichel kleiner.

Tiere suchen im Frühling ein gut geschütztes Plätzchen, um ihre Jungen aufzuziehen. Vögel bauen sich ein Nest, um ihre Eier auszubrüten. Dafür nehmen Höhlenbrüter auch gerne einen Nistkasten in Anspruch. Hummelköniginnen gründen einen neuen Staat. Sie besiedeln Totholzhaufen, Mause-löcher, Steinspalten oder hohle Baumstämme. Eichhörnchen fühlen sich hoch in den Bäumen am sichersten. In einem weich gepolsterten Kobel bringen sie ihre Jungen zur Welt.

Schon gewusst?

Während der Igel ab einer Temperatur von 15 °C wieder aktiv wird, erwacht der Siebenschläfer erst im Mai aus seinem Winterschlaf.

Aufgetaut aus Eis und Schnee

Versteckt an einem Blatt oder Zweig überwintert der Zitronenfalter ohne Schutz vor der eisigen Kälte. Dank seines körpereigenen Frostschutzmittels, dem Glycerin, kann er den Gefrierpunkt seiner Körperflüssigkeiten senken. Sogar wenn der Falter völlig eingeschneit wird und die Temperaturen bis −20 °C fallen, übersteht er dies unbeschadet. Im Frühjahr sehen wir den gelben Schmetterling dann wieder über die Wiesen flattern auf der Suche nach einem geeigneten Ablageplatz für seine Eier.

Die Raupen von Kleiner Fuchs und Tagpfauenauge ernähren sich nur von Brennnesseln.

Raupe des Zitronenfalters an ihrer Lieblingspflanze, dem Faulbaum.

Sommerflieder

Prachtscharte

Phlox

Distel

Lavendel

PFLANZE EINEN SCHMETTERLINGSGARTEN

Möchtest du viele bunte Schmetterlinge beobachten? Dann lege doch einen Schmetterlingsgarten an. Wähle einen windgeschützten, sonnigen Platz und bepflanze ihn mit nektarreichen blühenden Stauden und Kräutern. An warmen Tagen werden sich zahlreiche wunderschöne Falter an den Blüten tummeln. Pflanze noch ein paar Nesseln für die Schmetterlingsraupen dazu. Du hilfst aber nicht nur den Schmetterlingen, auch für Bienen und Hummeln ist ein blühender Naturgarten ein wahres Paradies.

Hummeln auf Wohnungssuche

Nur die begattete Hummelkönigin überlebt in einem gut geschützten Versteck den Winter, alle anderen Mitglieder ihres Staates sterben im Herbst. Im Frühjahr macht sich die Königin auf Nistplatzsuche, um ein neues Volk zu gründen. Dafür muss sie sich an kalten Tagen aber erst einmal aufwärmen. Das übernehmen zum einen Sonnenstrahlen, zum anderen die Königin selbst, indem sie ihre Flugmuskeln „im Leerlauf" bewegt. Bevor sie mit der Arbeit beginnt, stärkt sie sich noch an Pollen und Nektar der ersten Frühlingsblumen.

Wiesen-salbei

Mach mit!

Erste Hilfe für entkräftete Hummelköniginnen

Du brauchst: ½ Teelöffel mit Zucker, etwas lauwarmes Wasser

Nicht immer finden Hummelköniginnen im Frühling ausreichend Nahrung. Biete ihnen Zuckerwasser auf einem Löffel an.

Mach mit!

BAUE EINE NISTHILFE FÜR HUMMELN

Du brauchst: 1 Blumentopf aus Ton mit Bodenloch, Polsterwolle, Kieselsteine, Brett oder Dachpfanne

Befülle den Blumentopf mit Polsterwolle und grabe ihn umgekehrt in die Erde, sodass der Boden mit dem Loch nur noch wenige Zentimeter herausschaut. Suche dafür einen etwas höher liegenden Platz im Garten aus. Lege ein Brett erhöht auf Kieselsteinen über den Blumentopf. So ist der Hummelbau vor Regen geschützt und die Tiere können trotzdem ungehindert zum Eingangsloch krabbeln.

Ein Weg voller Gefahren

Jedes Jahr im Frühling, wenn die Temperaturen auch nachts über 5 °C bleiben, beginnen die Kröten die lange Wanderung zu ihrem Geburtsort. Im Dunkeln machen sich Hunderte Tiere gleichzeitig auf den Weg zu den Laichplätzen, an denen sie selbst geschlüpft sind. Die große Krötenwanderung beginnt. Unterwegs begeben sie sich allerdings in größte Gefahr, denn Unzählige werden auf Straßen überfahren.

Die Kröte hat eine trockene, warzige Haut. Sie kriecht mit ihren kurzen Beinen und dem dicken, schweren Körper lieber und hüpft nur, wenn sie beunruhigt ist.

Am Krötenzaun

Entlang befahrener Straßen, die Kröten auf ihrer Wanderroute kreuzen, siehst du inzwischen immer häufiger Krötenzäune. Durch Tunnel gelangen Kröten und Frösche sicher auf die andere Seite. Manchmal fallen sie auch in eingegrabene Eimer und werden von Naturschützern über die Straße getragen. Es gibt sogar ein eigenes Verkehrszeichen, das Autofahrer zu mehr Umsicht ermahnt.

Mach mit!

BEGLEITE KRÖTEN ÜBER DIE STRAßE

Möchtest du gerne Kröten retten und sie über die Straße tragen? Dann frage doch bei deinem örtlichen Naturschutzbund oder anderen Umweltorganisationen nach. Ehrenamtliche Helfer sind immer willkommen!

Hochzeit am Teich

Grasfrosch-laich

An den Laichgewässern angekommen, ertönt ein tolles Konzert. Männliche Kröten locken mit leisen Rufen Weibchen an und fechten mit den vielen Rivalen oft wahre Ringkämpfe aus. Häufig versuchen sich mehrere Verehrer an ein Weibchen zu klammern, um es zu begatten. Auch Frösche haben jetzt Paarungszeit. Ihre Schallblasen ermöglichen ihnen laute Quak-Geräusche. Unter Wasser machen die männlichen Molche im bunten Hochzeitsgewand die Weibchen mit Duftstoffen auf sich aufmerksam.

Der Frosch kann mit seinen langen schlanken Beinen weite Sprünge machen. Seine Haut ist glatt und feucht.

Erdkrötenlaich

Schon gewusst?

Frösche atmen nicht nur durch die Lungen, sondern auch über die Haut. Dafür muss die Haut aber immer feucht sein. Trocknet sie aus, erstickt der Frosch.

Laich in Ballen und Schnüren

Frösche legen ihren Laich in großen, klumpigen Ballen ab, die häufig an der Wasseroberfläche schwimmen. Kröten wickeln dagegen lange Laichschnüre um Äste und Wasserpflanzen. Kaum zu finden sind die Eier der Molche. Das Weibchen faltet mit den Hinterbeinen aus dem Blatt einer Wasserpflanze für jedes einzelne Ei eine sogenannte „Eitasche" und wickelt es dort sicher ein.

Besuche regelmäßig ein Laichgewässer in deiner Nähe und beobachte die Entwicklung der Eier. Aus den kleinen schwarzen Punkten im Laich entstehen innerhalb weniger Wochen unzählige Kaulquappen und später kleine Fröschchen.

Durch die Zerstörung ihrer Lebensräume sind Eidechsen sehr gefährdet.

Je wärmer, umso flinker

Eidechsen sind wechselwarme Tiere und können ihre Körpertemperatur nicht selbst regeln. Bei Kälte sind sie deshalb kaum aktiv und suchen sich gerne sonnige Plätze, um sich aufzuwärmen. Erst dann werden sie beweglich und enorm flink. Besonders nach der Winterstarre nehmen Eidechsen stundenlange Sonnenbäder, um dann auf Nahrungssuche zu gehen. Sobald sie sich im Frühjahr gehäutet haben, beginnt die Paarungszeit. Jetzt zeigen die Eidechsenmännchen eine besonders schöne Färbung.

Ein guter Trick!

Eidechsen haben viele Feinde. Vögel, Marder, Füchse, Igel und Schlangen haben es auf die kleinen Reptilien abgesehen. Zum Glück haben Eidechsen einen tollen Trick, um einen Angreifer abzulenken. Sie können bei Gefahr ihren Schwanz abwerfen, der dann sogar noch einige Minuten weiterzappelt und als Beute gepackt wird. Diesen Moment nutzt die Eidechse, um rasch zu entkommen. Der Schwanz wächst der Echse später wieder nach, sie kann ihn dann aber nicht mehr abwerfen.

Spannend!

Eidechsen legen Eier in ein Erdloch, wo sie durch die Sonnenwärme ausgebrütet werden. Nur bei der Waldeidechse platzt die Eihülle schon bei der Geburt auf. Sie ist also lebendgebärend.

Eine Echse ohne Beine

Die Blindschleiche sieht zwar aus wie eine kleine Schlange, es handelt sich aber um eine Eidechse ohne Beine. Deshalb bewegt sie sich schlängelnd fort. Ihr Name kommt von ihrer „blendenden" glänzenden Schuppenhaut. Sie kann etwa 40 cm lang werden und ist völlig harmlos.

Im Gegensatz zu Schlangen haben Blindschleichen bewegliche Augenlider.

Beobachte deinen Steinhaufen! Welche Tiere kannst du entdecken? Neben Eidechsen lieben auch Schlangen warme Sonnenplätzchen. Spinnen und Kröten verkriechen sich gerne in den kühlen Ritzen unter den Steinen.

Mach mit!

RICHTE EINEN SONNENPLATZ FÜR EIDECHSEN EIN

Du brauchst: Spaten, Arbeitshandschuhe, große und kleine Steine, Wurzeln und Äste

Zuerst suchst du dir einen passenden Ort für deinen Steinhaufen. Am besten eignet sich ein ruhiger Platz, der den ganzen Tag sonnig ist und nah an einer insektenreichen Wiese liegt. Dort hebst du eine 30 cm tiefe, runde Grube aus. In diese Grube schichtest du die unterschiedlich großen Steine, sodass sich Spalten und Hohlräume ergeben. Du kannst auch Wurzeln und Äste einbauen. Eidechsen können sich dort wunderbar sonnen und verstecken. Aber auch andere Tiere finden in deinem Steinhaufen einen sicheren Unterschlupf.

Wilde Einzelgänger

Anders als die Honigbiene leben die meisten Wildbienen nicht in Staaten zusammen, sondern sind Einzelgänger. Nach der Paarung bauen die Bienenweibchen ein Nest im Erdboden, in hohlen Pflanzenstängeln oder bohren Gänge in Holz. Dort legen sie für jedes Ei eine kleine Kammer, die Brutzelle, an. Als Proviant werden für die geschlüpften Larven Pollen und Nektar eingelagert. Am Schluss verschließt die Biene die Niströhren mit Harz- oder Lehmpfropfen.

Manche Bienen nisten in alten Schneckenhäusern.

Spannend!

Wildbienen haben einen Giftstachel, um andere Insekten zu töten. Er ist aber sehr schwach ausgeprägt, sodass man sich vor einem Stich nicht fürchten muss.

Apfelblüte

Zitronenthymian

Geißblatt

Stockrose

Wildbienen liefern zwar keinen Honig, sie sind für uns und unsere Umwelt als Blütenbestäuber jedoch sehr wichtig!

Mach mit!

EIN PARADIES FÜR BIENEN

Möchtest du Wildbienen helfen und sie beschützen? Dann pflanze in deinem Garten Blumen und Bäume, deren Blüten viel Nektar enthalten. Wildblumenwiesen, Küchenkräuter, Beerenbüsche und Obstbäume sind ein wahres Paradies für Bienen. Außerdem solltest du keine Unkrautvernichtungsmittel verwenden. Natürliche Ecken mit vertrockneten Stauden und altem Holz bieten Wildbienen gute Nistmöglichkeiten.

Ein Hotel für Wildbienen

Immer mehr Wildbienen gehören zu den gefährdeten Arten, denn in unseren aufgeräumten Gärten gibt es kaum noch Nistmöglichkeiten und Nahrung. In Insektenhotels finden Wildbienen und andere Insekten Platz für ihre Nester und einen Unterschlupf zum Überwintern.

Mach mit!

PENSION BAUMSCHEIBE

Du brauchst: 1 Baumscheibe (trockenes Laubholz, 20 cm tief), Holzbohrer (3 – 9 mm), Bohrmaschine

Die Bohrlöcher sollten unterschiedlich groß sein, damit jede Bienenart einen passenden Nistplatz findet.

Ein Erwachsener soll dir bei dieser Arbeit helfen. Im rechten Winkel bohrt ihr Löcher verschiedener Größe in die Baumscheibe. Lasst genug Abstand, damit das Holz keine Risse bekommt. Stelle die Baumscheibe an eine trockene, sonnige Stelle, zum Beispiel in einen Holzstapel. Jetzt brauchst du nur noch Geduld!

Mach mit!

DOSENHOTEL

Du brauchst: 1 leere, saubere Konservendose, etwas Lehm, hohle Schilfhalme, Bambus oder Markstängel, Gartenschere, Draht

Prüfe zuerst, ob die Schnittstellen der Stängel sauber und nicht ausgefranst sind. Befülle den Boden der Konservendose mit Lehm und drücke die Stängel mit den Öffnungen nach oben eng nebeneinander hinein, bis die ganze Dose gefüllt ist. Schneide alle Halme gleich lang ab. Nun musst du nur noch einen Draht zum Aufhängen deines Hotels anbringen. Schon geschafft, die Bienen können kommen!

Die Erdkröte

Die plumpen Erdkröten besitzen eine warzige Haut und sind bräunlich gefärbt. Aus Hautdrüsen können sie ein Gift ausstoßen, um sich vor Feinden zu schützen. Mit ihren kräftigen Beinen graben Erdkröten Höhlen, um sich tagsüber zu verstecken. Nachts jagen sie Insekten, Würmer und Schnecken.

Der Zitronenfalter

Im Frühling flattern die Zitronenfalter fast in jedem Garten umher. Die Männchen fallen durch ihre leuchtend gelbe Farbe auf, die Weibchen mit ihren grünlich-weißen Flügeln können sich besser verstecken. Durch ihre langen Rüssel saugen sie Nektar am liebsten aus violetten Blütenkelchen.

Der Grasfrosch

Mit seiner langen, klebrigen Zunge fängt der Grasfrosch geschickt Insekten. Durch Schwimmhäute an den Hinterbeinen kann er sich im Wasser leicht fortbewegen und tief tauchen. Männliche Grasfrösche rufen zur Paarungszeit mithilfe von Schallblasen nach einem Weibchen.

Die Hummel

Hummeln tragen einen dicken Pelz, sind meist gelb-schwarz gestreift und fliegen mit lautem Brummen schon im zeitigen Frühjahr von Blüte zu Blüte. Dabei bestäuben sie Blumen und Obstbäume. Gegen Feinde können sie sich mit einem spitzen Giftstachel wehren.

Die Zauneidechse

An trockenen, sonnigen Waldrändern, in Steinbrüchen und naturnahen Gärten fühlt sich die Zauneidechse wohl. Sie ernährt sich von Ameisen, Larven, Heuschrecken, Spinnen und Würmern. Sobald sich ein Feind nähert, versteckt sie sich rasch in Felsspalten und im Gestrüpp.

Der Teichmolch

Der etwa 10 cm lange Teichmolch gehört zu den Schwanzlurchen. Er ist bräunlich gefärbt, nur zur Paarungszeit trägt das Männchen ein buntes Muster und einen stark gewellten Kamm. Der Teichmolch ist bei uns die häufigste Molchart. Er lebt gerne in fischfreien Gartenteichen.

Der Maikäfer

Typisch für den etwa 3 cm großen Maikäfer sind seine braunen Flügel, das schwarz-weiße Zackenmuster an der Körperseite und die fächerförmigen Fühler. Im Boden entwickelt sich aus einem Ei der Engerling und später der fertige Maikäfer, der dann aus der Erde kriecht.

Die Wildbiene

Wildbienen sind Einzelgänger und werden nicht vom Imker gezüchtet. Doch genauso wie die Honigbiene sammeln sie Pollen und Nektar. Dabei bestäuben sie unzählige Blüten. Bei uns gibt es über 500 verschiedene Wildbienenarten, viele von ihnen sind jedoch vom Aussterben bedroht.

- Vogelbad bauen
- Mini-Teich anlegen
- Schmetterlingstränke basteln
- Fledermauskasten aufhängen
- Fledermausgarten pflanzen
- Spinnennetzgerüst anfertigen

Hurra, es wird Sommer!

Mich und meine Freunde findest du auf Seite 30.

Noch schimmern kleine Tautropfen an den zarten Fäden des Spinnennetzes. Mit jeder Stunde wird es heißer und die Luft beginnt zu flimmern. Insekten schwirren um bunte Sommerblumen. An Teichen flitzen Libellen knapp über die Wasseroberfläche und leuchten in den schönsten Farben. Vögel nehmen am Ufer ein Bad und stillen ihren Durst. Erst spät setzt die Dämmerung ein und lockt Mücken und Nachtfalter hervor. Dann beginnen Fledermäuse ihre lautlose Jagd und flattern mit kurzen Flügelschlägen durch die laue Sommernacht.

Nahrung in Hülle und Fülle

In der warmen Jahreszeit gibt es für alle Tiere viel zu fressen. Vögel und Igel finden reichlich Insekten und ihre Larven. Der nimmersatte Maulwurf wandert unermüdlich sein Gangsystem entlang, um nach Regenwürmern und Insekten zu suchen. In den Spinnennetzen zappeln ständig Fliegen oder Mücken. Und sobald die Beeren reif sind, stürzen die Vögel sich auf die süßen Früchte. Aber auch der Siebenschläfer mag Obst besonders gern.

Schutz vor der Hitze

Wenn im Sommer die Temperaturen immer höher steigen, suchen die Tiere kühle Schattenplätze auf. An Wasserstellen erfrischen sich Vögel und trinken. Das Suhlen im Schlamm bringt Wildschweinen eine willkommene Abkühlung. Schnecken machen bei Hitze eine Ruhepause, den Trockenschlaf. Dabei verschließen sie ihr Haus mit Schleim oder einer Kalkplatte. So schützen sie sich vor Wasserverlusten und werden erst in den kühlen Abendstunden oder beim nächsten Regenguss wieder aktiv.

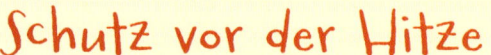

Die Schlammschicht im Fell schützt Wildschweine vor stechenden Insekten.

Spannend!

Die Spiralen der Schneckenhäuser sind fast immer rechtsherum gedreht. Falls sie sich in seltenen Fällen linksherum drehen, spricht man von einem „Schneckenkönig".

Was macht der Nachwuchs?

Im frühen Sommer verlassen die Vogelküken das sichere Nest und werden flügge. Vorsichtig unternehmen sie ihre ersten Flugversuche, werden aber immer noch von den Vogeleltern gefüttert. Sind die Kinder dann endgültig ausgeflogen, brüten viele Singvögel noch ein zweites Mal. Auch die kleinen Schnecken schlüpfen jetzt aus ihren Eiern und machen sich sofort auf Nahrungssuche. Während die Jungen der Kaninchen und Füchse erstmal im sicheren Bau bleiben, versteckt sich das Rehkitz im tiefen Gras.

Das Haus der kleinen Schnecken ist durchsichtig und sehr zerbrechlich.

Das Rehkitz bleibt allein in seinem Versteck, die Mutter kommt nur zum Säugen zu ihm zurück.

Nächtliche Betriebsamkeit

Im Schutz der Dunkelheit machen sich Mäuse und viele Insekten auf Nahrungssuche. Doch auch nachtaktive Jäger wie Eulen, Fledermäuse und Füchse sind unterwegs. Paarungsbereite Grillen geben zu später Stunde noch ihre zirpenden Konzerte, um ein Weibchen anzulocken. Glühwürmchen schicken ihre Leuchtsignale in die Dunkelheit, um einen Partner finden. Auch der Igel ist jetzt auf Partnersuche. Finden sich zwei Igel, kannst du sie mit schnaufenden und schnarchenden Geräuschen diskutieren hören.

Schon gewusst?

Igeljunge haben schon bei der Geburt Stacheln. Diese sind allerdings weich und liegen noch in der Rückenhaut, damit sie die Igelmutter nicht piken.

Schillernde Flugkünstler

Aus der Larve schlüpft die Libelle.

Wie Akrobaten flitzen Libellen durch die Luft. Ihre starke Flugmuskulatur und die vier leichten, aber sehr stabilen Flügel ermöglichen ihnen waghalsige Kurven, in der Luft stehen zu bleiben und manchmal sogar rückwärts zu fliegen. Die großen Facettenaugen aus bis zu 30.000 Einzelaugen haben dabei alles im Blick. Ihre Eier legen die Libellen nach der Paarung an Wasserpflanzen ab. Aus ihnen schlüpfen räuberische Larven, die unter Wasser jagen. Erst am Ende des Larvenstadiums verlassen sie das Wasser, um sich in eine farbenprächtige Libelle zu verwandeln.

Bei der Paarung bilden die Körper der beiden Libellen ein herzförmiges „Paarungsrad".

Erfrischung für Tiere

An heißen Tagen ist Wasser für viele Tiere lebensnotwendig. Bienen tragen Wasser in den Bienenstock, um dort für Abkühlung und die Ernährung der Larven zu sorgen. Vögel kommen bei Hitze regelmäßig an Gewässer, um zu trinken und zu baden. Hilf ihnen mit einem Vogelbad. Es macht Spaß, ihnen beim Trinken und Planschen zuzusehen. Auch andere Tiere werden sich über das Nass freuen und die Tränke besuchen.

Schlängelnde Schwimmerin

Ringelnattern leben gerne in der Nähe von Gewässern und können gut schwimmen. Sie sind leicht an den halbmondförmigen, gelben Flecken am Hinterkopf zu erkennen. Zu ihren Beutetieren gehören Kröten, Frösche, Fische, Eidechsen und Vögel. Für uns Menschen ist die Ringelnatter vollkommen ungefährlich.

Eier

Larven

Blutsaugende Plagegeister

Sommerzeit ist auch Mückenzeit. Besonders in Wassernähe wimmelt es nur so von ihnen. Nach der Paarung legen die Weibchen auf der Wasseroberfläche ihre Eier ab. Wie kleine Pakete oder Schiffchen schwimmen sie auf Pfützen und Teichen. Nach dem Schlüpfen hängen die Mückenlarven unter der Wasseroberfläche, häuten sich vier Mal und verpuppen sich. Aus der Puppe schlüpft die fertige Mücke.

Amseln planschen gerne im kühlen Wasser und reinigen ihr Federkleid.

Da Tiere das Wasser in deinem Vogelbad auch trinken, solltest du es alle paar Tage wechseln, sonst wird es schmutzig und kann Krankheiten übertragen.

Mach mit!

BAUE EIN VOGELBAD

Du brauchst: feinen und groben Kies, eine flache Schale (Durchmesser mindestens 30 cm), große, flache Steine, Gießkanne mit Wasser

Verteile groben Kies an einer gut einsehbaren Stelle in deinem Garten. Setze die Schale auf den Kies und drücke sie fest, damit sie nicht wackelt. Verteile feine Kieselsteine auf dem Boden der Schale und befülle sie mit Wasser. Lege flache, große Steine an den Rand der Schale, die nur wenig aus dem Wasser ragen, damit auch Bienen gut landen und Wasser aufnehmen können.

Schnelle Flitzer auf dem Wasser

Wasserläufer leben auf Teichen, Tümpeln und sogar Pfützen. Blitzschnell bewegen sie sich auf dem Wasser, ohne zu versinken. Da sie federleicht sind und dünne Beine mit feinen Härchen haben, werden sie von der Oberflächenspannung des Wassers getragen. Wasserläufer ernähren sich von kleinen Insekten, die ins Wasser fallen. Durch das Zappeln der Beutetiere gerät das Wasser in Schwingungen. Das nehmen Wasserläufer über Sinnesorgane an den Beinen wahr und fangen ihr Opfer.

Wie einen Schnorchel hält der Wasserskorpion das Atemrohr nach oben.

Jäger im Teich

Der gelbe Rand an den Körperseiten hat dem Käfer seinen Namen gegeben.

Manche Insekten fühlen sich auch unter Wasser wohl. Der Gelbrandkäfer ist ein Schwimmkäfer und ein gefürchteter Räuber. Seine Nahrung sind Insektenlarven, Kaulquappen und kleine Fische. Er ist nicht nur ein geschickter Schwimmer, sondern kann auch fliegen und so zum nächsten Teich gelangen. Auch der Wasserskorpion ist ein Unterwasserjäger. Wegen seiner Fangbeine und seines Atemrohrs am Hinterleib hat er Ähnlichkeit mit einem Skorpion, gehört aber zu den Wanzen.

Spannend!

Auch Rückenschwimmer gehören zu den Wanzen. Sie schwimmen unter der Wasseroberfläche mit der Bauchseite nach oben. Dabei rudern sie mit ihrem kräftigen hinteren Beinpaar.

Algenfresser unter Wasser

Während Landschnecken im Garten in einer Nacht ganze Beete leerfressen, ernähren sich Wasserschnecken hauptsächlich von Algen, abgestorbenen Pflanzen und Aas. So halten sie das Wasser in Teichen sauber. Die Posthornschnecke trägt ein flaches, spiralförmiges Haus und wird auch Tellerschnecke genannt. Die Sumpfdeckelschnecke kann ihr Gehäuse mit einem Deckel, der am Fuß festgewachsen ist, schließen. Eine besonders beeindruckende Fähigkeit hat die Spitzschlammschnecke. Sie kann an der Unterseite der Wasseroberfläche entlangkriechen.

Mach mit!

LEGE EINEN MINI-TEICH AN

Du brauchst: einen Mörtelkübel (aus dem Baumarkt), Schaufel, Gartenschlauch, Kies, flache Steine, Backsteine, Wasserpflanzen, zum Beispiel Froschbiss

Zuerst hebst du ein so tiefes Loch aus, dass der Mörtelkübel hineinpasst. Den Boden der Grube begradigst du mit Sand und Kies. Stelle den Kübel in das Loch und fülle den Platz darum mit Erde auf. Achte darauf, dass der Rand des Kübels ebenerdig ist, und umrande ihn mit flachen Steinen. In den Kübel baust du Treppen und Rampen aus Backsteinen. Befülle deinen Mini-Teich mit Wasser. Warte noch einige Tage, bevor du ihn mit Wasserpflanzen ausstattest.

Froschbiss

Wähle für deinen Mini-Teich einen geeigneten Platz aus: Am besten legst du ihn im Halbschatten an und nicht direkt unter Bäumen. Auf Fische solltest du bei geringer Teichgröße verzichten.

Der Birkenspanner ist auf der Rinde der Birke beinahe unsichtbar.

Sobald das Rote Ordensband seine braunen Vorderflügel auseinandernimmt, erschreckt sich der Angreifer.

Warnung und Tarnung

Anmutig flattern im Sommer Schmetterlinge durch die Luft. Ihre Flügel fallen durch besondere Farben und Muster auf. Häufig handelt es sich um Warnfarben, die Feinde abschrecken sollen. Einen tollen Trick hat das Tagpfauenauge: Klappt es seine Flügel herunter, werden plötzlich die großen Augenflecken sichtbar und verwirren den Angreifer. Andere Falter sind durch ein Flügelmuster getarnt, das wie Baumrinde oder ein Blatt aussieht, und entgehen so den Fressfeinden.

Ganz besondere Flügel

Die Flügel der Schmetterlinge sind mit tausenden zarten Schuppen bedeckt. Sie sind gerade mal 0,1 mm groß und liegen wie Dachziegel aneinander. Die Schuppen geben den Flügeln ihre leuchtenden Farben und brechen das Licht. So entsteht das typische metallische Schillern. Außerdem sind die Schuppen innen hohl und sorgen so für den nötigen Auftrieb beim Fliegen.

Tagpfauenauge

Du darfst niemals die Flügel eines Schmetterlings anfassen. Die Schuppen bleiben nämlich an deinen Fingern hängen. Das bedeutet für den Schmetterling weniger Auftrieb und größere Anstrengungen beim Fliegen.

Ein eingerollter Strohhalm

Schmetterlinge ernähren sich von Blütennektar und Pflanzensäften. Dafür benutzen sie einen langen Rüssel, der in Ruhestellung wie eine Spirale eingerollt ist. Sobald der Schmetterling auf einer Blume Platz genommen hat, wird der Rüssel zum Saugen ausgerollt. Manche Falter bleiben im Schwirrflug vor der Blüte stehen, um den Nektar mit dem Rüssel herauszusaugen. Sie erinnern dann an Kolibris.

Schon gewusst?

Die meisten Nachtfalterarten fliegen nur nachts. Nur wenige, wie das Taubenschwänzchen, sind tagaktiv. Mit ihrem Schwirrflug können sie Geschwindigkeiten bis zu 100 km/h erreichen. Ihre Flügel schlagen dabei etwa 80 Mal pro Sekunde.

Mach mit!

BASTLE EINE SCHMETTERLINGSTRÄNKE

Du brauchst: verschiedenfarbiges Moosgummi, Eppendorf-Hütchen (frag in der Apotheke oder bei deiner Kinderärztin nach), Blumendraht, Zuckerwasser

Zuerst schneidest du zwei unterschiedlich große Blumen aus Moosgummi aus und legst sie übereinander. In die Mitte der Blumen schneidest du ein Loch, gerade so groß, dass das Eppendorf-Hütchen hindurchpasst. Befestige am Hütchen unter der Blume einen Draht und stecke damit deine Schmetterlingstränke in ein Blumenbeet. Fülle etwas Wasser mit Zucker in das Hütchen. Ein Gaumenschmaus für Schmetterlinge!

Fledermäuse wie die Große Hufeisennase sind streng geschützt. Einige unserer heimischen Arten sind vom Aussterben bedroht.

Mit den Ohren sehen

Lautlos machen sich Fledermäuse nachts auf die Jagd. Im Flug stoßen sie Ultraschalllaute aus und können durch das zurückgeworfene Echo Insekten genau orten. Tagsüber verstecken sie sich in Höhlen, alten Bäumen und auf Dachböden. Doch ihre Lebensräume werden zunehmend zerstört und sie finden immer weniger Schlafplätze. Ein Fledermauskasten wird gerne als Sommerquartier angenommen!

Mach mit!

SO BAUST DU EINEN FLEDERMAUSKASTEN

Du brauchst: 2 cm starkes unbehandeltes Eichen-, Lärchen- oder Kiefernholz, Säge, verzinkte Nägel oder Schrauben, Hammer, Schraubenzieher, etwas Leinöl

Säge zusammen mit einem Erwachsenen aus den Brettern die passenden Teile zu. Mit dem Schraubenzieher kratzt du tiefe Rillen in die Rückwand, damit die Fledermäuse sich gut festhalten können. Nagle die Rückwand an die Aufhängeleiste und bringe die Seitenwände an. Befestige die Einflugleiste unten an der Innenseite der Vorderwand, bevor du sie mit dem Dach an den Kasten montierst. Ein Anstrich mit Leinöl schützt deinen Kasten vor Verwitterung!

4 cm

1 · Aufhängeleiste · 55 cm

24 cm · 2 · Rückwand (mit Fräsung) · 35 cm

2 cm · 3 · 28 cm · 27,5 cm · 5 cm · Seitenwand (2x)

24 cm · 4 · Blende · 28 cm

32 cm · 5 · Dach · 11 cm

20 cm · 6 · Einflugleiste · 2 cm

3 · 5 cm · 11,5 cm

Schon gewusst?

Der Einflugschlitz sollte etwa eine Breite von 3 cm haben. Davor und darunter dürfen keine Äste oder andere Hindernisse im Weg sein, damit die Fledermaus den Kasten gut anfliegen kann.

Der Naturschutzbund bietet in ganz Deutschland Exkursionen für Fledermausfreunde an. Mach doch einmal bei einer „Batnight", also einer Fledermausnacht, mit.

Fledermauskasten aufhängen und kontrollieren

Suche für deinen Fledermauskasten einen halbschattigen Platz an einem Baum oder einer Hauswand. Der Kasten sollte in Richtung Osten in etwa drei bis fünf Metern Höhe angebracht werden. Deinen Fledermauskasten darfst du nur zwischen September und März kontrollieren. Sonst störst du die schlafenden Tiere und die Aufzucht ihrer Jungen.

Phlox

Echter Jasmin

Nachtviole

Auch das Licht der Straßenlaternen zieht viele Nachtfalter an.

Mach mit!

LEGE EINEN FLEDERMAUSGARTEN AN

Nachtviole, Jasmin und Phlox duften nachts ganz besonders süß. Das lockt viele Insekten an – Beute für Fledermäuse, die jetzt erfolgreich jagen können. In einem fledermausfreundlichen Garten solltest du unbedingt auch auf giftige Unkraut- und Insektenvernichtungsmittel verzichten.

Nützliche Jäger

Spinnen sind keine Insekten, sondern gehören zu den Spinnentieren. Ihre kunstvollen Netze stellen sie mithilfe von vier bis sechs Spinnwarzen her, die sich an ihrem Hinterleib befinden. In den klebrigen, durchsichtigen Fäden verfangen sich Beutetiere. Es gibt auch Spinnen, die ohne Netz auf Jagd gehen. Durch einen giftigen Biss töten Spinnen ihre Opfer und umwickeln sie mit den Seidenfäden zu einem Paket. Verdauungssäfte verflüssigen das getötete Insekt und die Spinne kann es aussaugen.

vier Augenpaare

Kieferklauen mit Giftdrüse

acht Beine mit Tasthaaren

Starke Netze

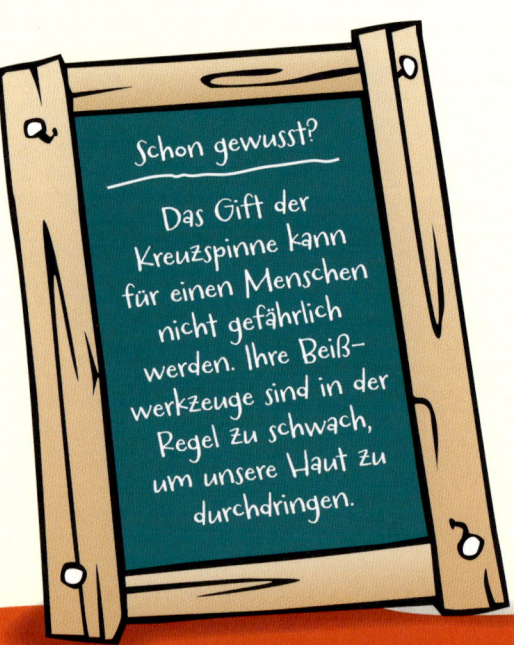

Schon gewusst?

Das Gift der Kreuzspinne kann für einen Menschen nicht gefährlich werden. Ihre Beißwerkzeuge sind in der Regel zu schwach, um unsere Haut zu durchdringen.

Ein Spinnennetz ist ein wahres Meisterwerk. Seine Fäden aus Spinnenseide sind äußerst dehnbar und reißfest. Selbst der Aufprall großer Insekten, die mit voller Wucht hineinfliegen, kann es nicht zerstören. Sobald ein Beutetier hilflos im Netz zappelt, bemerkt die Spinne diese Schwingungen über einen Signalfaden und eilt herbei. Mit ihren speziellen Beinen läuft sie wie auf Stelzen und benutzt meist die nicht klebrigen Speichen- und Rahmenfäden, um nicht selbst hängen zu bleiben.

Baldachinnetze

Gefangen!

Je nach Art bauen Spinnen sehr unterschiedliche Netze. Am bekanntesten sind die Radnetze. Es gibt aber auch noch Trichternetze, Baldachinnetze und Fangschläuche.

Trichternetz

Die Wasserspinne baut sich unter Wasser ein Netz, um Luft darin zu sammeln, die sie zum Atmen braucht.

Spinnen sind äußerst interessante Tiere. Beobachte sie doch mal genau. Vielleicht entdeckst du sogar eine Wolfspinne, die Jungtiere auf ihrem Rücken trägt.

Mach mit!

FERTIGE EIN SPINNENNETZGERÜST AN

Du brauchst: 4 gerade Äste (25 cm), feste Schnur, Gartenschere

Schneide vier gerade Äste auf einer Länge von ungefähr 25 cm ab. Binde die Äste zu einem Viereck zusammen. Befestige eine Schnur zum Aufhängen und schon ist dein Spinnennetzgerüst fertig. Hänge es nun an einer ruhigen, windgeschützten Stelle im Garten auf und warte ab!

Die Amsel

Das Amselmännchen trägt ein schwarzes Gefieder, der Schnabel und die Augenringe sind leuchtend gelb. Das Weibchen ist braungrau. Die Amsel baut ihr Nest im Unterholz und benutzt dafür Äste, Moos und Halme. Ihre Eier sind grünlich mit braunen Flecken.

Der Regenwurm

Regenwürmer leben unter der Erde und können bis zu 30 cm lang werden. Sie graben lange Röhren und lockern so den Boden auf. Herabgefallene Blätter ziehen Regenwürmer in ihre Gänge und fressen die Pflanzenreste. Der Kot, den sie ausscheiden, ist Dünger.

Die Große Königslibelle

Die Große Königslibelle ist grün-blau gefärbt und erreicht Flügelspannweiten über 10 cm. Sie jagt gerne an stehenden Gewässern nach Fliegen und Mücken. Dabei bewegt sie ihre Flügel 30 Mal pro Sekunde und erreicht Geschwindigkeiten bis 50 Kilometer pro Stunde.

Der Maulwurf

Maulwürfe graben große, unterirdische Gangsysteme. Die überschüssige Erde schieben sie an die Oberfläche, wodurch die typischen Maulwurfshaufen entstehen. Ihre Vorderbeine sind schaufelförmig und gut zum Graben geeignet. Durch Tasthaare und einen feinen Geruchssinn findet sich der Maulwurf in seinen dunklen Gängen gut zurecht.

Der
Kleine Fuchs

Die Raupen des Kleinen Fuchses fressen fast nur Brennnesselblätter. Nach etwa vier Wochen verpuppen sie sich, bis der fertige Falter herausschlüpft. Seine Flügel haben eine orange Färbung mit schwarzen und weißen Flecken. Der Kleine Fuchs gehört bei uns zu den häufigsten Tagfaltern.

Das
Braune Langohr

Tagsüber schlafen Fledermäuse mit dem Kopf nach unten hängend in Höhlen und auf Dachböden. Erst nachts werden die fliegenden Säugetiere aktiv. Durch ihre Ultraschallortung können sie sich in der Dunkelheit problemlos zurechtfinden. Immer mehr Fledermausarten sind inzwischen vom Aussterben bedroht.

Der
Waldkauz

Unsere häufigste Eule ist der Waldkauz. Lautlos geht er nachts auf Jagd nach Mäusen und Vögeln. Er frisst seine Beute mit Haut und Haar. Die unverdaulichen Nahrungsreste werden als Gewölle wieder herausgewürgt. Gut bekannt sind die Reviergesänge des Männchens, die unheimlichen „Huh-Huuh"-Rufe.

Die
Kreuzspinne

Das weiße Kreuz auf dem Hinterleib ist typisch für die Kreuzspinne. Sie baut Radnetze und wartet geduldig, bis sich Insekten in den klebrigen Fäden verfangen. Im Sommer paaren sich die Kreuzspinnen. Das Weibchen legt die Eier in einen Kokon aus fein gesponnenen Fäden. Die Jungen schlüpfen im nächsten Frühjahr.

- Igelhaus bauen
- Junge Igel füttern
- Unterschlupf für Insekten basteln
- Nistglocke für Ohrwürmer anfertigen
- Faltertankstelle einrichten
- Nistkasten aufhängen

Jetzt beginnt der Herbst!

Die Tage werden kürzer, morgens ist es oft neblig und der erste Frost lässt nicht mehr lange auf sich warten. Schwalben und andere Zugvögel treten ihren Weg in Richtung Süden an. Marienkäfer, Florfliegen und Schmetterlinge suchen in Ritzen und Hohlräumen Schutz vor der Kälte. Eichhörnchen sind jetzt besonders emsig. Sie sammeln und vergraben fleißig Nüsse, um einen stattlichen Vorrat anzulegen. Igel und Siebenschläfer fressen sich einen dicken Winterspeck an, bevor sie sich in ihr warmes Versteck kuscheln und die kalte Jahreszeit verschlafen.

Eichhörnchen verstecken ihre Vorräte.

Der Kobel des Eichhörnchens hat immer zwei Schlupflöcher.

Wer findet die besten Verstecke?

Bevor der Winter mit Frost und Schnee einzieht, suchen viele Tiere trockene, geschützte Verstecke auf. Insekten verkriechen sich unter Blättern, hinter Holzstapeln oder in Mauerritzen. Der Igel macht sich einen Laub- und Reisighaufen als Winterquartier zurecht. Das Eichhörnchen schlüpft in seinen kugelförmigen Bau, den Kobel, hoch oben im Baum. Dieses Nest aus Ästen und Blättern ist innen mit Moos und Gras ausgepolstert. So ist es kuschelig warm und beinahe wasserdicht.

Fressen für den Winterspeck!

Igel und Siebenschläfer halten wochenlang Winterschaf. Dafür brauchen sie allerdings ausreichend Energiereserven. Deshalb heißt es jetzt fressen, fressen, fressen, um viel Gewicht zuzunehmen. Der Siebenschläfer findet im Herbst reichlich Samen und Nüsse, die viel Fett enthalten. Aber auch süße Früchte locken ihn an. Geschickt turnt er sogar an dünnen Ästen entlang, um an die leckeren Holunder-, Vogelbeeren und Äpfel zu gelangen.

Spannend!
Auch der Dachs frisst sich im Herbst eine Speckschicht an, ehe er sich zur Winterruhe in seinen unterirdischen Bau zurückzieht.

Fleißig Vorräte anlegen

Die Tiere, die den Winter nicht verschlafen, legen sich im Herbst Vorräte an. Eichhörnchen vergraben jetzt viele Nüsse. Mäuse und Feldhamster befüllen ihre Vorratskammern mit Samen und Kräutern. Der Eichelhäher mag – wie der Name schon sagt – Eicheln besonders gerne und versteckt unzählige im Waldboden. Allerdings findet er nicht alle wieder und pflanzt so neue Eichenwälder. Er wird deshalb auch „Gärtner des Waldes" genannt.

Außer Eicheln frisst der Eichelhäher gerne Bucheckern und Früchte.

Ab in die Wärme!

Wenn die Tage kühler werden, verlassen uns einige Schmetterlingsarten, die sogenannten Wanderfalter. Sie machen sich auf ihre lange Reise in den Mittelmeerraum oder nach Afrika. Auch die Zugvögel brechen nun zu ihren Winterquartieren im Süden auf. Während viele kleine Singvögel unbemerkt nachts fliegen, sieht man die großen Vögel tags ziehen. Besonders schön sieht der Flug der Kraniche und Wildgänse in V-Form am Himmel aus.

Durch den Formationsflug sparen Vögel Energie.

Schon gewusst?

Im Herbst sammeln sich die Schwalben, um gemeinsam nach Süden zu ziehen. Viele Hundert Tiere sitzen auf Stromleitungen zusammen und sind dann, von einem auf den anderen Tag, plötzlich verschwunden.

Wer schmatzt denn da?

Der Igel ist nicht gerade ein leiser nächtlicher Geselle. Wenn er etwas Leckeres gefunden hat, schnauft und schmatzt er laut vor sich hin. Am liebsten verzehrt er Insekten, Schnecken und Würmer, er ist also kein Vegetarier. Im Herbst frisst der Igel besonders viel, denn er braucht eine dicke Speckschicht für seinen Winterschlaf. In sein Versteck gekuschelt, senkt er seinen Herzschlag von 200 Mal auf acht Mal pro Minute. So verbraucht er nur ganz wenige Kalorien.

In deinem Garten kann es für den Igel leicht gefährlich werden. Du solltest ihn deshalb „igelsicher" machen, indem du Kellerschächte mit einem Gitter abdeckst. In Teichen und steilen Becken können Igel ertrinken. Ein Holzbrett als Rampe ist hier lebensrettend.

Mach mit!

JUNGE IGEL FÜTTERN

Junge Igel suchen oft noch im Spätherbst nach Futter, weil ihr Gewicht für den Winterschlaf nicht ausreicht. Du kannst ihnen helfen, indem du Katzenfutter bereitstellst. Auf gar keinen Fall darfst du ihnen Milch geben. Davon bekommt sie schlimmen Durchfall!

Igelfreunde aufgepasst!

In einem aufgeräumten Garten findet der Igel im Herbst kaum Unterschlupfmöglichkeiten. Lass also ein paar Laub- und Reisighaufen liegen. Hier können nicht nur Igel überwintern, sondern auch Kröten, Molche, Spinnen und Käfer.

Achtung!

Igel brauchen im Herbst normalerweise keine Hilfe. Du schadest ihnen eher, wenn du sie über den Winter mit ins Haus nimmst. Nur wenn ein Igel unter 500 g wiegt oder krank ist, solltest du ihn zum Tierarzt oder zu einer Wildtier-auffangstation bringen.

Mach mit!

BAUE EIN IGELHAUS

Du brauchst: Steinplatten oder Holzbretter, viel Reisig und Laub, dickere Äste

Zuerst baust du an einer ruhigen Stelle aus den Steinplatten oder Holzbrettern ein Schlafzimmer für den Igel. Die Zimmerseiten sollten etwa 50 cm lang und die Decke etwa 30 cm hoch sein. Vorne braucht der Igel einen Eingang, in den er hineinschlüpfen kann. Darüber schichtest du mindestens einen halben Meter Laub mit Reisig vermischt. Ganz oben auf dem Haufen verhindern dickere Äste, dass die Blätter vom Wind weggeweht werden. Übrigens: Der Igel richtet sich sein Haus innen selbst ein. Du musst es nicht mit Laub befüllen.

Die Marienkäferlarve frisst besonders viele Blattläuse.

Glückskäfer im Garten

Der halbkugelige Marienkäfer mit seinen roten Deckflügeln und schwarzen Punkten vertilgt am liebsten Blattläuse. Der Käfer selbst wird von Fressfeinden meist in Ruhe gelassen. Bei Gefahr kann er nämlich eine stinkende, gelbe Flüssigkeit abgeben, die Giftstoffe enthält und ihn bitter schmecken lässt. Im Herbst machen sich die Marienkäfer in Schwärmen auf die Suche nach einem Winterquartier in Ritzen und Spalten. Manchmal suchen sie sogar Zuflucht in Häusern und Wohnungen.

Jäger mit Goldaugen

Blattläuse sind auch die Hauptnahrung der Florfliegenlarven. Deshalb werden sie „Blattlauslöwen" genannt. Mit ihren Mundwerkzeugen halten sie die Beutetiere fest und saugen sie aus. Die Blattlaushüllen befestigen sie zur Tarnung an ihrem Rücken. Nach der Verpuppung schlüpft die grüne Florfliege mit ihren durchsichtigen Flügeln und goldglänzenden Augen. Sie ist nachtaktiv und ernährt sich von Pollen und Nektar. Florfliegen überwintern in Spalten, gerne auch auf Dachböden.

Mach mit!

BASTLE EINEN UNTERSCHLUPF FÜR MARIENKÄFER UND FLORFLIEGEN

Du brauchst: eine flache Holzkiste, Kiefern- und Fichtenzapfen, Holzwolle, Drahtgitter

Fülle die Holzkiste mit den Zapfen und der Holzwolle. Ziehe das Drahtgitter über die Kiste und befestige es gut. Hänge den Unterschlupf an eine trockene, windgeschützte Stelle. Jetzt haben Marienkäfer und Florfliegen gemütliche Betten für den Winter!

Ein Wurm, der keiner ist

Der Ohrwurm ist natürlich kein Wurm, sondern gehört zu den Fluginsekten. Seine gefährlich aussehenden „Kneifer" dienen der Verteidigung sowie der Jagd auf Blattläuse und Milben. Für den Menschen ist er völlig harmlos. Ohrwürmer sind nachtaktiv und verstecken sich tagsüber unter Laub, Steinen und in Ritzen. Dort verkriechen sie sich auch im Herbst, um geschützt vor Kälte und Schnee zu überwintern.

Vögel, Marienkäfer, Florfliegen, Ohrwürmer und viele andere Tiere ernähren sich von Blattläusen, Milben und Dickmaulrüsslern. Sie bekämpfen Schädlinge also auf ganz natürliche Weise. Du solltest deshalb in deinem Garten keine Pflanzenschutzmittel und Gifte verwenden, sonst schadest du auch den Nützlingen.

Dickmaulrüssler zerfrisst Blätter, Knospen und junge Triebe.

Ohrwurm frisst Dickmaulrüssler.

Mach mit!

BAUE EINEN SCHLAFPLATZ FÜR OHRWÜRMER

Du brauchst: einen Blumentopf aus Ton, Schnur, ein kleines Stöckchen, Holzwolle oder Stroh, Drahtgitter, Schere

Zuerst fädelst du ein Ende der Schnur durch das Loch im Topf und knotest ein Stöckchen daran. Dieses stellt sich beim Zurückziehen der Schnur quer und dient so als Aufhängung. Fülle den Topf mit Holzwolle oder Stroh. Befestige das Füllmaterial, indem du das Drahtgitter über den Topf ziehst und festbindest. Hänge die Nistglocke so am Baum auf, dass sie den Stamm berührt. Dann können die Ohrwürmer gut hineinkriechen.

OHREN KNEIFER HOTEL

Auf seinen schwarzen Flügelspitzen trägt der Admiral die typischen weißen Flecken.

Weite Reise in die Wärme

Wenn es kühler wird und die Nahrung knapper, machen sich die Zugvögel auf den Weg in den Süden. Dabei legen sie Tausende Kilometer zurück. Ihren Weg finden sie ganz ohne Landkarte und Kompass. Auch einige Schmetterlinge verbringen den Winter im Warmen. Die Wanderfalter, wie Admiral und Distelfalter, brauchen für die weite Strecke mehrere Wochen und überwinden große Höhen im Gebirge.

Der Kuckuck überwintert im südlichen Afrika.

← Kohlmeisen

Das „C" auf der Flügelunterseite hat dem C-Falter seinen Namen gegeben.

Und wer trotzt der Kälte?

Viele Schmetterlinge überstehen die kalte Jahreszeit bei uns als Ei, Raupe oder Puppe. Das Tagpfauenauge, der Kleine Fuchs und der C-Falter überwintern als Schmetterlinge in Höhlen und Dachstühlen. Auch die sogenannten Standvögel, wie Haussperling, Kohlmeise und Zaunkönig, bleiben trotz Eis und Schnee hier.

Haussperling

Die Küstenseeschwalbe brütet in der Arktis und überwintert in der Antarktis.

Energie für den langen Weg

Bevor Wanderfalter ihre lange Reise beginnen, stärken sie sich noch am Nektar der letzten Blumen. Besonders die späte Blüte des Efeus lockt zahlreiche Schmetterlinge an. Im September und Oktober wimmelt es an den kleinen gelbgrünen Blüten nur so von Bienen, Fliegen und Schmetterlingen. Doch auch wenn du keinen Efeu im Garten hast, kannst du Schmetterlingen vor ihrem Flug in den Süden helfen.

Spannend!

Der Distelfalter legt auf seinem Hin- und Rückflug in den Süden eine unglaubliche Strecke von 15.000 km zurück. Bei den Zugvögeln ist die Küstenseeschwalbe mit einer Flugstrecke von mehr als 40.000 km der Rekordhalter.

← Distelfalter

Bei schlechtem Wetter verkriechen sich Schmetterlinge gerne an einem trockenen Plätzchen. Hänge ihnen doch ein Schmetterlingshaus, das mit Ästen, Stroh und Rindenmulch gefüllt ist, in deinem Garten auf. In den Ritzen können die Falter gut geschützt das Ende von Regen und Sturm abwarten und sogar überwintern.

Mach mit!

RICHTE EINE „FALTERTANKSTELLE" EIN

Du brauchst: eine flache Schale, Malzbier mit Zucker

Fülle in eine flache Schale etwas Malzbier. Gib ein bisschen Zucker hinzu. Die Schmetterlinge werden dein Angebot gerne annehmen und gleichzeitig kannst du sie beim Saugen ganz in Ruhe beobachten.

Puh, jetzt wird's kalt!

Die Nächte im Spätherbst werden schon richtig kalt. Vögel suchen sich für die Nacht windgeschützte, trockene Plätzchen in Bäumen und Sträuchern. Doch auch in Nistkästen ist es jetzt gemütlich. Meisen und Zaunkönige kuscheln sich gerne in die alten Nester. Manchmal richtet sich noch jemand für sein langes Winterschläfchen ein – der Siebenschläfer. Nistkästen solltest du deshalb unbedingt schon im Herbst aufhängen, denn sie sind nicht nur Nisthilfe, sondern auch ein warmer Unterschlupf im Winter.

Mach mit!

BAUE EINEN NISTKASTEN

Du brauchst: 20 mm dicke, unbehandelte Kiefern- oder Fichtenholzbretter, verzinkte Holzschrauben, Säge, Bohrer, Schraubenzieher und Draht

Zuerst sägst du mit einem Erwachsenen aus den Brettern die Aufhängeleiste, Vorder- und Rückwand, zwei Seitenwände, den Boden und das Dach. In die Vorderwand bohrst du ein Einflugloch in der passenden Größe. Im Boden sollten ein paar kleine Löcher sein, damit Nässe entweichen kann. Schraube die Bodenplatte an die Rückwand. Nun kommen die beiden Seitenwände und danach die Vorderwand dran. Am Schluss befestigst du noch die Aufhängeleiste und das Dach. Du kannst den Nistkasten außen mit umweltfreundlichen Farben bunt anmalen oder mit Leinöl bestreichen, um ihn haltbarer zu machen.

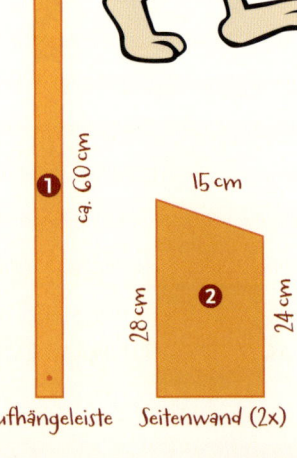

5 cm

ca. 60 cm

①

Aufhängeleiste

15 cm

28 cm

24 cm

②

Seitenwand (2x)

17 cm

28,5 cm

28 cm

28,5 cm

③

Rückwand
(abschrägen)

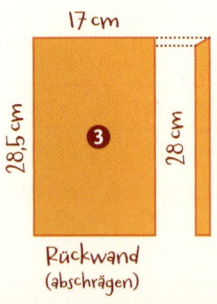

13 cm

20 cm

25 cm

④

Vorderseite

20 cm

23 cm

⑤

Dach
(mit Ablauffläche)

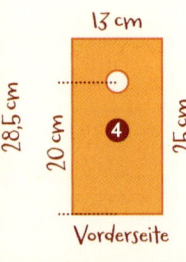

13 cm

13 cm

⑥

Boden
(mit Ablauflöchern)

In Nistkästen bilden Zaunkönige gerne Schlafgemeinschaften, um sich gegenseitig zu wärmen.

Wer passt wo hinein?

Jeder Vogel braucht eine bestimmte Größe des Einfluglochs:

Blau- und Tannenmeise
→ 26–28 mm

Kohlmeise und Kleiber
→ 32 mm

Haus- und Feldsperling
→ 35 mm

Nistkasten aufhängen

Hänge den Nistkasten in etwa zwei bis drei Metern Höhe auf. Wähle einen Platz aus, der weder in der prallen Sonne noch im vollen Schatten ist. Das Einflugloch sollte nach Osten zeigen. Befestige den Kasten mit einem Drahtbügel durch die Aufhängeleiste, um den Baum nicht zu schädigen.

Nistkästen solltest du im Spätsommer reinigen, denn in alten Nestern hausen öfters Flöhe und Milben. Hast du den Termin verpasst, warte lieber bis Ende Februar: Denn in die leeren Kästen zieht gern ein Sieben- oder Gartenschläfer ein, der dort Winterschlaf hält. Klopfe vorsichtig an, hörst du ein Geräusch, setze die Säuberung lieber ein Jahr aus und störe die Bewohner nicht.

Der Gartenschläfer hat sich versteckt.

Der Feldhamster

Früher galt er als Plage, heute ist der bis zu 30 cm große Feldhamster selten geworden. Er verbringt die meiste Zeit in seinen Gängen unter der Erde. Nachts geht er auf Nahrungssuche und trägt in seinen dicken Backentaschen Wurzeln, Körner, Kräuter und Regenwürmer in seine Vorrats-kammern.

Der Igel

Tagsüber schläft der Igel und geht erst in der Dämmerung auf Nahrungssuche. Bei Gefahr rollt er sich zu einer Stachelkugel zusammen, anstatt zu flüchten. So ist er zwar vor Fressfeinden gut geschützt, wird aber auf Straßen oft von Autos überfahren.

Der Eichelhäher

Mit seinem lauten Alarmruf warnt der Eichelhäher die Waldtiere vor Eindringlingen. Er gehört zu den Rabenvögeln. Sein Gefieder ist rötlich-braun, die Flügel sind schwarz-weiß mit dem typischen leuchtend blauen Muster am Rand. Auf dem Boden bewegt er sich hüpfend fort, kann aber geschickt durch den Wald fliegen.

Der Marienkäfer

Am bekanntesten ist der Siebenpunkt-Marienkäfer mit seinen tomatenroten Flügeln und sieben schwarzen Punkten. Die Anzahl der Punkte gibt natürlich nicht das Alter des Käfers an, sondern ist je nach Art unterschiedlich. Außerdem gibt es auch gelbe, braune und schwarze Marienkäfer.

Der Admiral

Die Raupen des Admirals fressen am liebsten Brennnesseln. Dabei verstecken sie sich zum Schutz in den eingerollten Blättern. Nach der Verpuppung schlüpft der Falter mit einer Flügelspannweite von bis zu 6 cm. Er ist ein Wanderfalter und wird etwa neun Monate alt.

Die Blaumeise

An ihrem blauen Käppchen und dem gelben Bauch ist die Blaumeise leicht zu erkennen. Geschickt turnt sie auf den dünnsten Ästen, um Insekten und Samen zu finden. Manchmal hängt sie dabei sogar kopfüber am Zweig. Blaumeisen brüten in Baumhöhlen und Nistkästen.

Der Siebenschläfer

Erst wenn es dunkel ist, wird der Siebenschläfer munter. Dann klettert er geschickt an Ästen und sogar glatten Wänden hoch, um Nahrung zu suchen. Gerne lebt er in der Nähe menschlicher Häuser. Während des Winterschlafs atmet er nur noch einmal pro Minute und hat einen sehr langsamen Herzschlag.

Die Kohlmeise

Unsere größte und häufigste Meise ist die Kohlmeise. Ihr Kopf ist schwarz-weiß und ihre Unterseite gelb mit einem schwarzen Bauchstreifen. Sie kann schön singen, am bekanntesten ist aber ihr Frühlingsruf: „Zizibäh, zizibäh". Kohlmeisen sind nicht scheu und haben wenig Angst vor Menschen.

- Vogelfutter selbst herstellen
- Futterhaus für Eichhörnchen bauen
- Wildtiere nicht stören
- Kastanien für Wildfütterung sammeln

Der Winter kommt mit Frost und Schnee

Es weht ein eisiger Wind. Der Boden ist hart gefroren und viele Tiere haben sich verkrochen. Es ist still im Wald, kein Vogel zwitschert. Aber an gut gefüllten Futterhäuschen finden sich die kleinen Piepmätze gerne ein und turnen geschickt an den baumelnden Meisenknödeln. Spuren von Hase, Fuchs und Reh ziehen sich über die Schneedecke. Aber Vorsicht! Ein Greifvogel zieht seine Kreise. Auch er ist hungrig und die meisten seiner Beutetiere haben sich tief unter die Erde zurückgezogen. Es bleibt nur wenig Zeit, um Futter zu finden, denn früh bricht die Dämmerung herein.

Nur die Schwanzspitze des Hermelins bleibt auch im Winter schwarz.

Ein warmer Pelz gegen die Kälte

Zum Schutz vor der eisigen Kälte wächst Säugetieren im Winter ein längeres und dichteres Fell. Vögel tragen ein kuscheliges Daunenkleid. Zwischen Haaren und Federn bilden sich Luftpolster, die schön warm halten. Das Hermelin und der Schneehase wechseln auch ihre Fellfarbe. Statt braun sind sie jetzt weiß und so im Schnee hervorragend getarnt. Durch lange Haare an den Pfoten können sich Hasen auf der Schneedecke rasch fortbewegen, ohne tief einzusinken.

Mühevolle Futtersuche

Wer den Winter nicht verschläft, hat es jetzt schwer, Nahrung zu finden. Nur wenige Gräser schauen unter der Schneedecke hervor und der Boden ist gefroren. Rothirsche graben mit den Hufen nach einzelnen Grashalmen. Greifvögel begnügen sich sogar mit überfahrenen Tieren, die am Straßenrand liegen. Mäuse suchen unter der Schneedecke nach Samen. Dafür bauen sie sich mit Gras gepolsterte Tunnel. Füchse stöbern auch im Winter in Städten nach Fressbarem.

Winterruhe oder Winterschlaf?

Eichhörnchen und Dachs halten Winterruhe. Sie schlafen zwar viel, wachen zwischendurch aber immer wieder auf, um etwas zu fressen. Igel, Siebenschläfer und Fledermäuse sind dagegen Winterschläfer. Sie schlafen durchgehend und zehren von den Fettreserven, die sie sich im Herbst angefressen haben. Um möglichst wenig Energie zu verbrauchen, senken sie Herzschlag und Körpertemperatur. Werden Winterschläfer zwischendurch geweckt, verbrauchen sie viel von ihrem Winterspeck. Das kann für die Tiere lebensgefährlich werden.

Fledermäuse hängen eng zusammen, um sich zu wärmen.

Saatkrähen kommen im Winter in Schwärmen aus Nordeuropa.

Nicht nur Vögel besuchen gern ein Futterhäuschen im Garten.

Starr vor Kälte

Wechselwarme Tiere wie Kröten, Frösche, Eidechsen, Schlangen und Insekten fallen in Winterstarre. Sie sind völlig bewegungslos, nehmen keine Nahrung zu sich und können nicht geweckt werden. Damit sie vor Fressfeinden geschützt sind, suchen sie sich im Herbst gute Verstecke. Insekten schlüpfen in Ritzen, Frösche vergraben sich im Schlamm und Kröten kriechen in Laubhaufen oder Erdlöcher. Erst wenn es im Frühjahr wärmer wird, wachen sie aus der Kältestarre wieder auf.

Das Rotkehlchen ist ein Teilzieher.

Seidenschwänze fressen besonders gern Hagebutten und Vogelbeeren.

Vögel in eisiger Kälte

Sperling, Specht und Kohlmeise gehören zu den Standvögeln. Sie bleiben das ganze Jahr bei uns, auch im Winter. Einige Vogelarten, wie Amsel und Rotkehlchen, sind Teilzieher. Nur ein Teil dieser Zugvögel fliegt in den Süden, die anderen bleiben auch in der kalten Jahreszeit in ihrem Brutgebiet. Seidenschwanz und Bergfink kommen als Wintergäste aus dem hohen Norden, um nach Nahrung zu suchen.

An einer Futterstelle kannst du Tiere ganz leicht aus der Nähe beobachten. Du solltest allerdings nur Futterspender verwenden. Hier können Vögel nicht über das Futter laufen und es mit Kot verschmutzen. Platziere die Futterstelle an einer übersichtlichen Stelle, sodass Katzen sich nicht unbemerkt anschleichen können.

Unerwartete Gäste

Am Futterhaus finden sich aber nicht nur Singvögel ein, um nach Nahrung zu suchen. Auch der Sperber beobachtet das rege Treiben im Winter gerne aus der Luft. Immer wieder erbeutet er unaufmerksame kleine Vögel. Über heruntergefallene Körner freuen sich nicht nur Zaunkönig und Buchfink, die den Futterspender meist nicht so gerne anfliegen. Auch Mäuse kommen im Schutz der Dunkelheit, um sich einen Leckerbissen zu ergattern.

Wer frisst was?

Amseln, Rotkehlchen, Kleiber und Zaunkönige gehören zu den Weichfutterfressern. Du kannst sie an ihren dünnen, spitzen Schnäbeln gut erkennen. Im Sommer fressen sie Insekten und Früchte, im Winter getrocknete Beeren und Haferflocken. Körnerfresser wie Meisen, Gimpel und alle Finkenarten haben einen dicken, kräftigen Schnabel. Sie ernähren sich von Samen und Körnern. Im Winter mögen sie Sonnenblumenkerne besonders gern.

Der Kernbeißer kann sogar Kirschkerne knacken. ↘

Grünfink ↗

Der Kleiber holt Insekten aus der Baumrinde. ↗

Mach mit!

VOGELFUTTER SELBST GEMACHT

ERDNUSSRING

Du brauchst: eine dicke Nadel, Erdnüsse, Draht und ein Band zum Aufhängen

Zuerst bohrst du mit einer dicken Nadel Löcher in die Erdnüsse. Schneide ein Stück Draht zurecht und fädle die Erdnüsse darauf. Jetzt formst du den Draht zu einem Ring und befestigst das Band zum Aufhängen.

GEFÜLLTER KIEFERNZAPFEN

Du brauchst: einen Topf, 250 g Kokosfett oder Rindertalg (vom Metzger), 2 EL Pflanzenöl, 150 g Weizenkleie, 100 g Körnermischung, mehrere Kiefernzapfen und eine Schnur

Lass das Fett in einem Topf bei mittlerer Hitze langsam flüssig werden. Nimm den Topf vom Herd und füge Pflanzenöl, Weizenkleie und die Körnermischung hinzu. Wälze die Kiefernzapfen darin, bis ausreichend Fettfutter zwischen den Schuppen hängengeblieben ist. Befestige noch eine Schnur zum Aufhängen, fertig!

Kletterkünstler

Eichhörnchen halten Winterruhe, machen sich aber alle paar Tage auf Futtersuche. Zum Glück haben sie im Herbst einen stattlichen Vorrat an Nüssen vergraben. Sie klauen aber auch Kerne aus Futterspendern für Vögel. Die geschickten Kletterkünstler springen mit Leichtigkeit mehrere Meter von Ast zu Ast. Mit ihrem Schwanz halten sie dabei das Gleichgewicht. Durch ihre langen Krallen können sie Baumstämme sogar Kopf voran hinunterklettern.

Spannend!

Als Sohlengänger setzen Eichhörnchen den ganzen Fuß auf dem Boden auf. Ihre typischen Spuren sind im Schnee gut zu erkennen.

Mach mit!

SCHON ENTDECKT?

Du kannst aber auch noch andere Spuren finden, die Eichhörnchen hinterlassen. Sie schälen nämlich von Fichtenzapfen die Schuppen ab, um an die nahrhaften Samen zu gelangen. Nüsse sprengen sie mit ihren Zähnen geschickt in zwei Hälften. Wenn du aufmerksam bist, kannst du die Schalen und Reste der Zapfen am Boden entdecken.

FUTTERHAUS FÜR EICHHÖRNCHEN

Du brauchst: 20 mm dicke, unbehandelte Kiefern- oder Fichtenholzbretter, verzinkte Holzschrauben, Säge, Bohrer, Schraubenzieher und Draht, Nüsse

Aus den Brettern sägst du die Aufhängeleiste, Vorder- und Rückwand, zwei Seitenwände, den Boden und das Dach. Lass dir von einem Erwachsenen helfen. Die Oberkante der Rückwand sollte leicht angeschrägt sein. Schraube die Seitenwände an die Rückwand. Nun befestigst du die niedrige Vorderwand und danach die Bodenplatte. Am Schluss bringst du das Dach und die Aufhängeleiste an. Suche für das Futterhaus ein geeignetes Plätzchen. Jetzt musst du es nur noch mit Nüssen befüllen und auf Eichhörnchenbesuch warten.

Mach mit!

5 cm

❶ 50 cm — Aufhängeleiste

20 cm · **❺** · 22 cm — Dach

16 cm · **❻** · 22 cm — Boden (mit Ablauflöchern)

12 cm · 17 cm · **❷** · 20 cm — Seitenwand (2x)

16 cm · **❸** · 20,5 cm · 20 cm · 20,5 cm — Rückwand (abschrägen)

16 cm · **❹** · 8 cm — Vorderseite

Mach mit!

EICHHÖRNCHENBEOBACHTUNG

Am Futterhäuschen kannst du Eichhörnchen im Winter gut beobachten. Ihr Fell ist hellrot bis braunschwarz, nur der Bauch ist weiß. An den Ohren tragen sie lange Pinselhaare. Die Hinterbeine sind kräftig und an den Pfoten befinden sich starke Krallen. Der buschige Schwanz kann bis zu 20 cm lang sein.

Winterfütterung

Rehe und Hirsche finden in schneereichen Wintern wenig Futter. Gerne fressen sie dann die Knospen junger Bäume ab. Dieser Wildverbiss richtet im Wald große Schäden an. Förster und Jäger füttern daher bei geschlossener Schneedecke Rehe und Hirsche mit Heu. Für Wildschweine werden Eicheln und Kastanien ausgestreut. Durch die Wildfütterung besteht allerdings die Gefahr, dass schwache und kranke Tiere den Winter überleben und der Wildbestand zu groß bleibt. Auch das kann der Natur schaden.

Schon gewusst?

Zu viele Rehe, Hirsche und Wildschweine können zu einer enormen Belastung für den Wald werden. Der NABU ist daher gegen Wildtierfütterung, denn wilde Tiere sollen auch wild leben.

Schon gewusst?

Früher zogen Rothirsche in den Alpen im Winter in die Täler, um dort Nahrung zu finden. Viele dieser Wanderungen sind wegen Straßen und Ortschaften nicht mehr möglich. Deshalb werden die Tiere oft in große Wintergatter gelockt. Hier werden sie bis zum Frühjahr mit Futter versorgt.

Das Wildschwein gräbt nach Wurzeln und Pilzen.

Mach mit!

STÖRE KEINE WILDTIERE

Im Winter müssen Tiere ihre Energiereserven sparen. Sie dürfen sich also nicht unnötig anstrengen, denn sonst geht ihre Fettschicht zu schnell verloren. Du solltest daher bei deinen Spaziergängen immer auf den Waldwegen bleiben. So schreckst du die Tiere nicht in ihren Verstecken auf. Eine Flucht bedeutet für die Waldtiere einen unnötigen Energieverbrauch.

Reh oder Hirsch?

Viele denken, das Reh sei die Frau vom Hirsch. Das stimmt nicht! Sie gehören aber beide zur Familie der Hirsche. Hirsche sind Rudeltiere und nach dem Elch die größten freilebenden Wildtiere in Mitteleuropa. Rehe sind deutlich kleiner und – außer im Winter – Einzelgänger. Während Rehe im dichten Unterholz leben, mögen Hirsche weite Wiesen und Steppen.

großes, verzweigtes Geweih

Körperlänge über 2 m

Schwanzlänge bis 15 cm

rotbraunes Fell

hohe, lange Beine

Gewicht bis 250 kg

kleines Geweih

Schwanzlänge 3 cm

Spiegel – helle Färbung am Hinterteil

rotbraune Fellfarbe

lange, zierliche Beine

Gewicht bis 50 kg

Körperlänge bis 1.3 m

Mach mit!

SAMMEL MIT

Hast du Lust, Rehen, Hirschen und Wildschweinen zu helfen? Viele Förster sammeln Kastanien für die Fütterung im Wald oder in Wildgehegen. Frag doch mal beim Forstamt in deiner Nähe nach. Vielleicht darfst du sogar mal beim Füttern dabei sein.

Das Reh

Erst in der Dämmerung kommt das scheue Reh aus dem Wald, um zu äsen. Das weibliche Reh, die Ricke, bringt im Frühjahr ein bis zwei Kitze zur Welt. Der Rehbock trägt ein Geweih auf dem Kopf, das er im Herbst abwirft. Im Sommer haben Rehe eine rotbraune, im Winter eine graue Fell-farbe.

Das Rotkehlchen

Die orangerote Kehle hat dem Rotkehlchen seinen Namen gegeben. Der kleine, rundliche Vogel frisst im Sommer Insekten und Spinnentiere, im Winter kommt er auch gerne zum Futterhäuschen. Das Nest des Rotkehlchens ist napfförmig und in Mulden am Boden oder im dichten Gebüsch zu finden.

Der Rotfuchs

Sein heiseres Bellen ist vor allem im Winter zu hören. Jetzt ist die Paarungszeit der Füchse. In einem Bau unter der Erde zieht die Füchsin im Frühjahr etwa drei bis fünf Junge groß. Füchse sind tagsüber selten zu sehen, sie gehen in der Dämmerung und nachts auf Jagd.

Der Haussperling

Der kleine, gesellige Vogel wird auch Spatz genannt. Er bewegt sich am Boden beidbeinig hüpfend fort und nimmt ausgiebige Staubbäder. Der Feldsperling ist vom Haussperling leicht durch seine schwarze Backenfärbung zu unterscheiden. Spatzen leben gerne in der Nähe des Menschen.

Der Sperber

Der wendige Greifvogel ernährt sich hauptsächlich von kleinen Vögeln. Deshalb zieht es ihn im Winter häufig in die Stadt. Der Sperber nähert sich dem Futterhäuschen in bodennahem Flug und ergreift blitzschnell mit langen, spitzen Krallen seine Beute.

Der Gimpel

Der Gimpel wird auch Dompfaff genannt. Das liegt wohl an der schwarzen Kappe auf seinem Kopf. Der Bauch des Männchens ist leuchtend rot, während das Weibchen mit seiner graubraunen Farbe weniger auffällt. Am liebsten frisst der Gimpel Samen und Knospen.

Der Buchfink

Besonders das Männchen fällt durch sein prachtvolles Gefieder auf. Der schöne Gesang des Buchfinks ist im Frühling gut zu hören. Jetzt baut das Weibchen sein halbkugelförmiges Nest und beginnt zu brüten. Im Winter fliegen nicht alle Buchfinken in den Süden, sondern überwintern teilweise auch bei uns.

Das Hermelin

Der schlanke, flinke Jäger ist mit dem Marder verwandt. Das Hermelin trägt im Sommer ein braunes, im Winter ein weißes Fell. Die Schwanzspitze bleibt immer schwarz. Es ernährt sich von Mäusen, Vögeln und anderen kleinen Tieren, muss sich selbst aber vor Greifvögeln und Füchsen fürchten.

Naturentde
gesucht

Du entdeckst gerne die Natur und möchtest dich für ihren Schutz einsetzen?

Dann bist du bei der NAJU genau richtig! Werde zusammen mit über 75.000 anderen Kindern und Jugendlichen aktiv für die Natur!

www.NAJU.de

Die Naturschutzjugend (NAJU) ist die Jugendorganisation des NABU und deutschlandweit der größte Kinder- und Jugendverband im Natur- und Umweltschutz.

NAJU im NABU
Karlplatz 7 | 10117 Berlin
Tel.: 030 652 137 52 0
NAJU@NAJU.de
www.NAJU.de

Achten Sie beim Kauf von Meisenknödeln und ähnlichen Produkten darauf, dass diese nicht, wie leider noch häufig üblich, in Plastiknetzen eingewickelt sind. Vögel können sich mit ihren Beinen darin verheddern und schwer verletzen.

Umschlaggestaltung von Andrea Köhrsen, Kiel unter Verwendung eines Fotos von Frank Hecker (Eichhörnchen am Futterhaus) und weiteren Fotos von by-studio/Fotolia.com (Vogelhaus), fotomaster/Fotolia.com (Blaumeise), mirpic/Fotolia.com (Waldboden), PRILL Mediendesign/Fotolia.com (weglaufender Igel).
Mit Igel-Illustrationen von Andrea Köhrsen, Kiel.

Mit Fotos von: Aaltair/Shutterstock.com: S. 59 l.o.; Adam Fichna/Shutterstock.com: S. 49 r.; Aleksey Stemmer/Fotolia.com: S. 17 r.u.; Alekss – S. 4; AlenKadr/Shutterstock.com: S. 40 r.u.; Alex Staroseltsev/Shutterstock.com: S. 40 l.o., S. 60 Marienkäfer; Alexander Potapov/Fotolia.com: S. 5 r.; Alonbou/Fotolia.com: S. 58 l.u.; Ana Gram/Shutterstock.com: S. 36/60 V-Formationsflug; A_Bruno/Fotolia.com: S. 16 r.o.; Bergamont/Shutterstock.com: S. 53 Sonnenblumenkerne; Bernd Stahlschmidt/NABU: S. 2 r.; bigemrg/Fotolia.com: S. 16 l.u.; Butsaya/Shutterstock.com: S. 15 Dose; brm1949/Fotolia.com: S. 58 l.o.; B. Wylezich/Shutterstock.com: S. 25 Mörtelkübel, S. 48; carmelo milluzzo/Fotolia.com: S. 21 l.u.; Carola Vahldiek/Shutterstock.com: S. 2 l.; Christian Musat/Shutterstock.com: S. 40 Marienkäferlarve; Coprid/Shutterstock.com: S. 44 Säge; creativenature.nl/Fotolia.com: S. 5 l., S. 7 l.u.; davello/Fotolia.com: S. 19/60 Kreuzspinne; dieter76/Fotolia.com: S. 10 r.u.; Denise Allison Coyle/Shutterstock.com: S. 58 r.o.; digitalfoto105/Shutterstock.com: S. 42 m; Dionisvera/Shutterstock.com: S. 55/60 Haselnüsse; DirkR/Fotolia.com: S. 23 l.m.; D. Kucharski K. Kucharska/Shutterstock.com: S. 41 m; Eberhard Menz/NABU: S. 19 r.u., S. 28 l.o.; Eder/Shutterstock.com: S. 56 r.o.; Eduard Kyslynskyy/Shutterstock.com: S. 36 r.u.; emer/Fotolia.com: S. 8, S. 29 Phlox, S. 29 Nachtviole; Eric Isselee/Shutterstock.com: S. 40 r.m., S. 41 r.m., S. 42 r.u.; EtiAmmos/Shutterstock.com: S. 42 l.m.; farasek/Fotolia.com: S. 22 r.u.; Frank Hecker: S. 1 Igel, S. 3 l., S. 6 l.u.l., S. 7 l.m., S. 8 l.l., S. 8 l.o.r., S. 8 Kinder im Schmetterlingsgarten, S. 9 m.u., S. 9 m.o., S. 9 r.o., S. 10 Kröten im Eimer, S. 10 l.u., S. 11 l.o., S. 11 Erdkrötenlaich, S. 11 Molch bei Eiablage, S. 11 l.u., S. 12 m.u., S. 13 l.o., S. 13 l.u., S. 13 l.m., S. 14 l.o., S. 14 l.m., S. 14 Geißblatt, S. 15 l.o., S. 15 r.o., S. 15 r.m., S. 15 r.u., S. 17 l.u., S. 17 r.o., S. 20 r.o., S. 21 r.o., S. 21 r.u. Glühwürmchen; S. 21 r.u., S. 23 m.o., S. 23 Larven, S. 23 r.o., S. 23 Amsel, S. 24 l.u., S. 24 r.m., S. 24 u.m., S. 25 l.u., S. 25 o.r. Posthornschnecke, S. 25 u.m., S. 26 l.u., S. 27 r.o., S. 28 r.o., S. 29 l., S. 29 r.o., S. 29 r.u., S. 30, S. 31 3 Fotos o., S. 31 l.m., S. 36 Kobel, S. 38 l.m., S. 38 r.u., S. 38 r.u.m., S. 39 o., S. 39 r.o., S. 39 m., S. 40 r.o., S. 40 l.u., S. 41 m., S. 41 r.u., S. 43 l.u., S. 43 m., S. 44 l.u., S. 45 r.u., S. 46 l.u., S. 47 r.o., S. 47 l.u., S. 50 l.o.m., S. 50 Hasenspur, S. 50 r.u.; S. 51 l.u., S. 52 l.o., S. 52 r.o., S. 53 Kleiber, S. 53 Kernbeißer, S. 53 r.m., S. 53 l.u., S. 54 Eichhörnchenspur, S. 54 l.u., S. 55 l.u., S. 56 Wildschwein, S. 57 l.u., S. 57 r.u., S. 59 l.u., gontabunta/Fotolia.com: S. 49 l; Harald Biebel/Fotolia.com: S. 9 Wiesensalbei; Heiko Bellmann/Frank Hecker: S. 26 Rotes Ordensband; helmutvogler/Fotolia.com: S. 22 r.o.; Henrik_L/istockphoto.com: S. 40 Blattlauslöwe; Henry Ausloos/OKAPIA: S. 6 l.o.; Hong Vo/Shutterstock.com: S. 53 l.m.; humbak/Shutterstock.com: S. 3 Zapfen, S. 40 Zapfen; H. May/NABU: S. 14 r.u., S. 16 l.o., S. 26 r.u.; Ingvar Bjork/Shutterstock.com: S. 55/60 Schraubenzieher; ivan_sciano/Fotolia.com: S. 8/60 Lavendel; Jakub Mrocek/Shutterstock.com: S. 57 l.u.; Jamie Hall/Shutterstock.com: S. 50 u.m., Jausa/Shutterstock.com: S. 37 r.u., S. 37 l.o., S. 46 r.o.; Joachim Neumann/Fotolia.com: S. 6 l.m., S. 45 o.m.; Johannes D. Mayer/Fotolia.com: S. 17 l.u.; juefraphoto/Fotolia.com: S. 32 l.u., JuneJ/Shutterstock.com: S. 55 l.o.; Jürgen Fälchle/Fotolia.com: S. 30, 33 l.u., Klaus Bogon/NABU: S. 33 o.; Krawczyk-Foto/Fotolia.com: S. 25 l.u.; Lucky Dragon/Fotolia.com: S. 25 Gartenschlauch; lumen-digital/Fotolia.com: S. 7 r.m.; MAC1/Shutterstock.com: S. 44 Schrauben, S. 60 Schrauben; Mark Medcalf/Shutterstock.com: S. 52 l.u., S. 54 r.o.; Martin Fowler/Shutterstock.com: S. 52 r.u.; mashiro2004/Fotolia.com: S. 6 r.u.; MathiasK./Fotolia.com: S. 22 l.o.; Matt Gibson/Shutterstock.com: S. 57 r.o.; Marie C Fields/Shutterstock.com: S. 41 r.m.; Martina Berg/Fotolia.com: S. 56 l.m.; megakunstfoto/Fotolia.com: S. 14/60 Apfelblüte; Mega Pixel/Shutterstock.com: S. 53 m.; Menno Schaefer/Fotolia.com: S. 46 r.u.; mgebauer/Fotolia.com: S. 33 m; mgkuijpers/Fotolia.com: S. 21 junger Igel; Michaela Steininger/NABU: S. 11 r.o.; Miroslav Hlavko/Shutterstock.com: S. 34, S. 47 r.u.; mjf99/Fotolia.com: S. 24 r.o.; Monika Klemm: S. 54 l.o.; msconceptfoto/Fotolia.com: S. 23 Vogeltränke; muharremz/Shutterstock.com: S. 37 r.u.; muro/Fotolia.com: S. 21 o.m.;

m. Schuppich: S. 8 Distel, S. 26 l.o.; MVPhoto/Shutterstock.com: S. 50 l.o.; Neil Burton/Shutterstock.com: S. 35 r.u.; nessyal/Fotolia.com: S. 7 Brennnessel; nothere/Fotolia.com: S. 36 l.o.; N. Schiwora/NABU: S. 16 r.u.; Olympixel/Fotolia.com: S. 22 l.m.; Omika/Fotolia.com: S. 36 r.m.; outdoorsman/Shutterstock.com: S. 59 r.u.; oriori/Shutterstock.com: S. 55 Walnüsse; Oscar Klose/NABU: S. 32 r.u.; Papkin/Shutterstock.com: S. 53 Grünfink; Paulista/Shutterstock.com: S. 41 l.u.; Paultarasenko/Shutterstock.com: S. 39 l.u.; Patrick Daxenbichler/Fotolia.com: S. 20 r.u.; PeterVrabel/Shutterstock.com: S. 43 Distelfalter; Peter Louwers/Shutterstock.com: S. 35 r.o., Peter Wey: S. 50 r.o.; photophonie/Fotolia.com: S. 9 m.r.; photosmatic/Shutterstock.com: S. 29 Jasmin; Pim Leijen/Shutterstock.com: S. 58 r.u.; Piotr Krzeslak/Shutterstock.com: S. 46 l.o.; qphotomania/Fotolia.com: S. 27 l.o., S. 60 Taubenschwänzchen; Radka Palenikova/Shutterstock.com: S. 47 l.o.; Reddogs/Shutterstock.com: S. 32 l.o.; Reena/Fotolia.com: S. 14/60 Stockrose; reptiles4all/Shutterstock.com: S. 36 u.l.; Ricky Stankewitz/NABU: S. 51 r.o.; Robert Kneschke/Fotolia.com: S. 23 Kiesel; Robert Schad/Fotolia.com: S. 43 r.o.; rufar/Fotolia.com: S. 23 r.u.; schaef/Fotolia.com: S. 7 o. r.; Scisetti Alfio/Fotolia.com: S. 14 Zitronenthymian; Sergii Moscaliuk/Fotolia.com: S. 43 Löffel; silvioheidler/Fotolia.com: S. 12 l.o.; Silviu Matei/Shutterstock.com: S. 56 u.l.; smeyli77/Fotolia.com: S. 10/60 Kröte; sommersprossen/Fotolia.com: S. 22 l.u., S. 61 Ringelnatter; So happy/Fotolia.com: S. 32 r.o.; Stefanie Zysk: S. 1 Schmetterlingstränke, S. 27 r.u., S. 31 r.u., S. 61 Schere; Steve Horsley/Shutterstock.com: S. 52 Rotkehlchen; Tamas Zsebok/Fotolia.com: S. 18; TCreativeMedia/Shutterstock.com: S. 59 r.o.; Tobias Arhelger/Fotolia.com: S. 10 Verkehrsschild; Tobyphotos/Shutterstock.com: S. 1 Admiral, S. 42 r.o.; Tom Dove/NABU: S. 33 r.u.; tunedin/Fotolia.com: S. 8 Prachtscharte, Sommerflieder; UMA/Fotolia.com: S. 43 Schale; Vishnevskiy Vasily/Shutterstock.com: S. 42 r.m.; Vitalii Hulai/Fotolia.com: S. 6 l.u.; vlorzor/Fotolia.com: S. 43 Flasche; Windu/Shutterstock.com: S. 39 r.u.; Wolfgang Kruck/Fotolia.com: S. 20 l.; Xpixel/Shutterstock.com: S. 39 Äste, S. 51 r.m.; Yuriy Maksymenko/Shutterstock.com: S. 38 l.o.

Unser gesamtes lieferbares Programm und viele weitere Informationen zu unseren Büchern, Spielen, Experimentierkästen, DVDs, Autoren und Aktivitäten findest du unter **kosmos.de**

Informationen zu Veranstaltungen des NABU und weitere Tier- und Naturschutzideen findest du unter **www.NABU.de**

FSC
www.fsc.org
MIX
Papier aus verantwortungsvollen Quellen
FSC® C084279

Gedruckt auf chlorfrei gebleichtem Papier

© 2015, Franckh-Kosmos Verlags-GmbH & Co. KG, Stuttgart
Alle Rechte vorbehalten
ISBN: 978-3-440-14803-7
Redaktion: Franka Nickel
Gestaltungskonzept: Andrea Köhrsen
Satz: Walter Typographie & Grafik GmbH
Produktion: Verena Schmynec
Printed in Slovakia/Imprimé en Slovaquie